国务院关于经营者集中申报标准的规定

中国法制出版社

国务院关于经营者集中申报标准的规定
GUOWUYUAN GUANYU JINGYINGZHE JIZHONG SHENBAO BIAOZHUN DE GUIDING

经销/新华书店
印刷/保定市中画美凯印刷有限公司
开本/850毫米×1168毫米 32开　　　　　　　印张/0.375　字数/3千
版次/2024年1月第1版　　　　　　　　　　　2024年1月第1次印刷

中国法制出版社出版
书号 ISBN 978-7-5216-4203-2　　　　　　　　　　　定价：4.00元

北京市西城区西便门西里甲16号西便门办公区
邮政编码：100053　　　　　　　　　　　传真：010-63141600
网址：http：//www.zgfzs.com　　　编辑部电话：**010-63141673**
市场营销部电话：010-63141612　　　印务部电话：**010-63141606**

（如有印装质量问题，请与本社印务部联系。）

2024年最新修订

国务院关于经营者集中申报标准的规定

中国法制出版社

目　　录

中华人民共和国国务院令（第 773 号）…………（1）

国务院关于经营者集中申报标准的规定…………（2）

司法部 市场监管总局负责人就修订后的

　《国务院关于经营者集中申报标准的规

　定》答记者问……………………………………（5）

中华人民共和国国务院令

第 773 号

《国务院关于经营者集中申报标准的规定》已经 2023 年 12 月 29 日国务院第 22 次常务会议修订通过，现予公布，自公布之日起施行。

总理　　李强
2024 年 1 月 22 日

国务院关于经营者集中申报标准的规定

（2008年8月3日中华人民共和国国务院令第529号公布 根据2018年9月18日《国务院关于修改部分行政法规的决定》第一次修订 2024年1月22日中华人民共和国国务院令第773号第二次修订）

第一条 为了明确经营者集中的申报标准，根据《中华人民共和国反垄断法》，制定本规定。

第二条 经营者集中是指下列情形：

（一）经营者合并；

（二）经营者通过取得股权或者资产的方式取得对其他经营者的控制权；

（三）经营者通过合同等方式取得对其他经营者的控制权或者能够对其他经营者施加决定性影响。

第三条 经营者集中达到下列标准之一的，经营者应当事先向国务院反垄断执法机构申报，未申报的不得实施集中：

（一）参与集中的所有经营者上一会计年度在全球范围内的营业额合计超过120亿元人民币，并且其中至少两个经营者上一会计年度在中国境内的营业额均超过8亿元人民币；

（二）参与集中的所有经营者上一会计年度在中国境内的营业额合计超过40亿元人民币，并且其中至少两个经营者上一会计年度在中国境内的营业额均超过8亿元人民币。

营业额的计算，应当考虑银行、保险、证券、期货等特殊行业、领域的实际情况，具体办法由国务院反垄断执法机构会同国务院有关部门制定。

第四条 经营者集中未达到本规定第三条规定的申报标准，但有证据证明该经营者集中具有或者可能具有排除、限制竞争效果的，国务院反垄断执法机构可以要求经营者申报。

第五条 经营者未依照本规定第三条和第四条规定进行申报的，国务院反垄断执法机构应当依法进行调查。

第六条 国务院反垄断执法机构应当根据经济发展情况,对本规定确定的申报标准的实施情况进行评估。

第七条 本规定自公布之日起施行。

司法部 市场监管总局负责人就修订后的《国务院关于经营者集中申报标准的规定》答记者问

2024年1月22日，国务院总理李强签署第773号国务院令，公布修订后的《国务院关于经营者集中申报标准的规定》（以下简称《规定》），自公布之日起施行。日前，司法部、市场监管总局负责人就有关问题回答了记者提问。

问：请简要介绍一下修订背景情况。

答：党中央、国务院高度重视反垄断工作。经营者集中申报标准是经营者集中反垄断审查制度的重要内容。国务院于2008年公布《规定》（2018年作了个别文字修改），作为反垄断法的配套行政法规，规定了经营者集中的营业额申报标准。《规定》施行以来，对于明确经营者申报义务、划定监管范围、初筛竞争风险、提升反垄断审查效能发挥了重要作用。2008年以来，我国经济不断发展，国内生产总值不断增长，企业法人数量、企业年营业额不断增长，现行的营业额申报标准偏低，一些不具有排除、限制竞争效果的经营者集中被纳入了申报范围，既增加了经营者集中的制度性交易成本，也影响了反垄断执法机构监管执法效能，不适应促进高质量发展、加快建设全国统一大市场的客观需要。因此，有必要对现行的营业额申报标准进行调整。

司法部会同市场监管总局在总结多年来反垄断监管执法经验、借鉴国际做法、广泛征求有关部门、地方人民政府意见，认真听取企业、行业协会商会、专业服务机构、专家学者意见基础上，起草了《规定》修订草案。

问：修订的总体思路是什么？

答：坚持以习近平新时代中国特色社会主义思想为指导，深入贯彻落实党中央、国务院关于反垄断工作有关决策部署，为各类企业公平参与市场竞争创造良好制度环境。一是坚持立足国情。适应现阶段我国经济发展的客观要求，适时调整经营者集中的营业额申报标准。二是坚持服务发展。将推动高质量发展、加快建设全国统一大市场和高标准市场体系作为出发点和落脚点，进一步降低经营者集中的制度性交易成本。三是坚持统筹协调。统筹发展和安全、活力和秩序，发展规模经济与预防垄断并举。

问：修订的主要内容是什么？

答：此次修订《规定》，重点是进一步提高我国经营者集中的营业额申报标准。在综合考虑经济发展情况、市场规模、竞争状况、执法实践、国际比较的基础上，对现行营业额申报标准进行调整：一是将参与集中的所有经营者上一会计年度的全球合计营业额标准，由现行超过100亿元人民币提高至超过120亿元人民币；二是将参与集中的所有经营者上一会计年度的中国境内合计营业额标准，由现行超过20亿元人民币提高至超过40亿元人民币；三是将参与集中的所有经营者中至少两个经营者上一会计年度在中国境内的营业额标准，由现行均超过4亿元人民币提高至均超过8亿元人民币。同时，规定国务院反垄断执法机构应当根据经济发展情况，对申报标准的实施情况进行评估。此外，根据修订后的反垄断法，对《规定》中的有关条款文字表述作了相应调整。

问：修订后的《规定》施行后，市场监管总局将做好哪些工作？

答：此次修订提高了经营者集中的营业额申报标准，进一步降低制度性交易成本，将更好激发经营主体活力，促进投资并购，有助于巩固和增强经济回升向好态势。下一步，市场监管总局将加强新的营业额申报标准的宣传贯彻实施工作，向社会充分释放政策红利，将这个增信心、稳投资、促发展的信息解读好，支持、服务企业依法做大做强。同时，统筹高质量发展和高水平安全，统筹活力和秩序，一体推进"事前合规、事中审查、事后追责"的经营者集中常态化监管，持续提升经营者集中审查质效，寓服务于监管之中，维护公平竞争市场环境，推动全国统一大市场建设和高水平对外开放，服务高质量发展。

ISBN 978-7-5216-4203-2

定价：4.00元